Herta Müller

Cristina und ihre Attrappe
oder
Was (nicht) in den Akten der Securitate steht

WALLSTEIN VERLAG

Titelblatt des Operativen Vorgangs »Cristina« über Herta Müller, eröffnet am 8.3.1983. Mit der Registrierung der Securitate (4615) und der CNSAS, der Bukarester Birthlerbehörde (I 233477/1). Hinzu kommt der Stempel, der den 16.8.1993 als Datum, an dem die Akte auf Mikrofilm kopiert wurde, angibt. Also vier Jahre nach dem Ende der Diktatur.

Fulga

INISTERUL DE INTERNE

Unitatea MI - I.7 TIMIȘ

TM

I. 200857

STRICT SECRET
(după completare)

200 857 **1**

DOSAR DE URMĂRIRE INFORMATIVĂ Nr. 4615

privind „CRISTINA”
(nume conspirativ)

Karl Hollitzer 1957

I 233477
V1-471

I 233477/1

2

Deschis la data de 8.03.1983

Jede Reise nach Rumänien ist für mich auch eine Reise in eine andere Zeit, in der ich von meinem eigenen Leben nie wußte, was ist Zufall und was ist inszeniert. Deshalb habe ich jedesmal in allen öffentlichen Äußerungen die Einsicht in meine Securitate-Akte gefordert, die mir mit wechselnden Gründen stets verweigert wurde. Statt dessen gab es aber jedes Mal Indizien, daß ich schon wieder, also immer noch beobachtet werde.

Im vergangenen Frühjahr war ich auf Einladung des NEC (New European College) in Bukarest. Am ersten Tag saß ich mit einer Journalistin und einem Fotografen in der Hotelhalle, als ein muskulöser Wachmann nach einer Genehmigung fragte und dem Fotografen den Fotoapparat entreißen wollte. »Hier sind keine Fotos erlaubt, auch nicht von Personen«, tobte er. An der Rezeption stand das blaue Europafähnchen – es waren nur wenige Tage seit der NATO-Konferenz in Bukarest vergangen. Die Journalistin war unterwürfig: »Verzeihen Sie, wir machen das nicht mehr.« Der Fotograf versuchte, seinen Apparat zu retten. Ich fragte den Wachmann, ob die Hotelhalle ein Geheimobjekt sei und was das Europafähnchen an der Rezeption zu suchen habe. Er solle es in die Schublade stecken, denn

EU und NATO sind Organisationen einer freien Welt. Und was er hier tue, erinnere mich an die Ceauşescu-Zeit. Erst jetzt ließ er vom Fotoapparat ab. Aber die Überraschungen gingen weiter. Am zweiten Tag war ich zum Abendessen verabredet. Wie telefonisch vereinbart, kam ein Freund mich um 18 Uhr vom Hotel abholen. Als er in die Straße des Hotels einbog, bemerkte er, daß ihm jemand folgte, daß der Mann hinter ihm in die Hotelhalle kam, daß er in den dort liegenden Zeitungen blätterte, während er an der Rezeption bat, mir telefonisch auszurichten, daß er unten warte. Die Rezeptionsdame sagte, zuerst müsse er ein Besucherformular ausfüllen. Er erschrak, weil es so was nie gegeben hat, nicht einmal unter Ceauşescu.

Der Freund und ich gingen zum Restaurant. Immer wieder schlug er mir vor, die Straße zu wechseln. Ich dachte mir nichts dabei. Erst am nächsten Tag, als ich Andrei Pleşu, dem Direktor des NEC, die Geschichte mit dem Wachmann schilderte, erzählte der Freund ihm, daß er ein Besucherformular ausfüllen sollte, daß ein Mann ihm auf dem Weg zum Hotel und dann uns beiden bis zum Restaurant folgte. Andrei Pleşu war empört, hatte er doch immer seine NEC-Gäste dort untergebracht. Er schickte am nächsten Morgen seine Sekretärin ins Hotel, um alle Buchungen zu stornieren. Der Hotelmanager tischte das Märchen auf, die Rezeptionsdame hätte ihren allerersten Arbeitstag gehabt und sich falsch verhalten. Aber die Sekretärin kannte die Dame, seit Jahr und Tag stand sie an der Rezeption. Darauf sagte der Manager, der »Patron«, der Hotelbesitzer, sei ein ehemaliger Securitate-Mann, den man leider nicht mehr ändern könne. Dann lächelte er und meinte, das NEC könne zwar hier die Buchungen stornieren, doch in den anderen Hotels dieser Kategorie sei es genauso. Der Unterschied sei nur, daß man es nicht weiß.

Ich zog aus, wohnte die verbliebenen zwei Tage in einem Büro des NEC. Von Nachstellungen habe ich nach meinem Umzug nichts mehr gemerkt. Entweder hat sich der Geheimdienst zurückgezogen, weil es zu brenzlig wurde, oder professionell gearbeitet, also unsichtbar.

Um zu wissen, daß man für 18 Uhr einen Beschatter braucht, mußte man mein Zimmertelefon abgehört haben. Im Hotelfernseher die Programme von CNN, BBC, RAI UNO und im Telefon die Wanze. Das Europafähnchen an der Rezeption und die Schnüffler, die einem hinterherlaufen. Das ist Demokratie auf rumänisch. Es ist bekannt, daß sich der Geheimdienst Ceauşescus, die Securitate, nicht aufgelöst, sondern nur umbenannt hat in SRI (Rumänischer Informationsdienst), der nach eigenen Angaben 40 Prozent, also das jüngere, agile Personal der Securitate übernommen hat. Der wirkliche Prozentsatz ist wahrscheinlich noch größer. Und die restlichen 60 Prozent des Personals sind heute Rentner mit dreimal höheren Renten als alle anderen oder die neuen Macher der Marktwirtschaft. Im Chaos der ersten Wendezeit haben sie sich ihre »Schnäppchen« besorgt – Banken, Fabriken, Hotels, Reisebüros, Tankstellen etc. Und die Schnäppchen von damals mausern sich täglich weiter zu satten Vermögen eines sorglosen Lebens. Die Schnäppchen-Millionäre kennen und helfen einander auf allen Ebenen. Ihr Netz überzieht das Land vom Parlament über die Wirtschaft, Justiz, Universitäten bis in die Krankenhäuser. Dieses Netz sorgt für die allgegenwärtige Korruption und wird sich in nächster oder ferner Zukunft durch nichts stören lassen. Außerdem sind die Störungsversuche äußerst rar. Woher sollen sie kommen, wenn man als Hauptamtlicher gut versorgt und als Spitzel fast überall unbehelligt weiter in Amt und Würden bleiben kann. Außer Diplomat kann ein Ex-Spitzel in Rumänien heute beinah alles sein, was er früher war.

Akteneinsicht auf rumänisch

Eine der bekanntesten rumänischen Autorinnen, die *grande dame* der rumänischen Lyrik, sagt in einem Interview in der Schweiz, sie wolle ihre Akten nicht einsehen, sondern sich weiterhin vorstellen, sie sei von allen Menschen geliebt worden. Fast 80jährig, hat sie die grausigen Stalinjahre, danach die düstere Ceauşescu-Zeit erlebt. Mit solch trivialen Aussagen täuscht sie Naivität vor. In Wahrheit aber weiß sie, daß der Verrat überall herumlief, Beziehungen unterwanderte, vor keinem Gefühl haltmachte. Ja, die Liebe war für ihn ein besonderer Fraß – da sie die größte Nähe zuläßt, ermöglicht sie den größten Verrat: sie vergiftet das Intimste. Die Autorin sagt auch, sie hätte durch das Tragen großer Sommerhüte die bürgerliche Dame gegen die sozialistische Genossin verteidigt. Ich habe sie in der Zeit der großen Sommerhüte gekannt – und es waren damals nur Hüte, sonst nichts. Ihre politische Opposition in Hutform ist neu. Weniger neu ist, woran ich mich gut erinnern kann: Als Redakteurin der Zeitschrift »Volk und Kultur« hat die Hutträgerin für eine sozialistische Feiertagsnummer Gedichte von Autoren mißbraucht. Weil sie rein gar nichts mit dem Feiertag zu tun hatten und ihre Autoren Feiertagsgedichte nie und nimmer geliefert hätten, hat die Redakteurin ohne Wissen der Autoren vorhandene Gedichte genommen, die wirklichen Titel entfernt und selbstfabrizierte Feiertagstitel darüber gesetzt. So konnte sie ihrer Aufgabe als Redakteurin gerecht werden. Daß sie dafür

Gedichte mißbraucht und Autoren kompromittiert, hat sie an der Pflichterfüllung nicht hindern können. Das schlechte Gewissen hat sie klein gehalten, so klein, daß die Angst, den Redakteursposten zu verlieren, größer war als die Scham vor Autoren, deren Haltung sie kannte. Diese standen entsetzt vor vollendeten Tatsachen, und es gab in jener Zeit im ganzen Land und in keinem anderen Blatt eine Möglichkeit, diesem gefälschten Parteijubel öffentlich entgegenzutreten. So was erzählt die Hutträgerin nicht. Gespräche über die Diktatur machen sie nervös. Im Interview sagt sie auch, es habe in der Diktatur auch glückliche Momente gegeben. Wer wollte das bestreiten. Bei jedem Menschen hat es sie gegeben, aber nicht dank der Diktatur, sondern trotz der Diktatur. In den privaten Nischen, wo die Schikanen noch nicht eingesickert waren – oder sogar gegen die Schikanen hat es sprunghaftes, eiliges und deshalb überspanntes, ja entfesseltes Glück gegeben. Ganz persönliches, schnelles Glück hat es gegeben in den Lücken der staatlichen Kontrolle. Dieses Glück brauchte so leichte Füße wie der Verrat, weil es ihm davonlaufen oder sogar vorauslaufen mußte. Diese Art Glück war oft ein diebisches, ein hinkendes Glück. Man lachte sich müde. Über die Geheimdienstfiguren hat man Witze gerissen, über die Schikanen, drastische, vulgäre Witze. Es war ein Lachen um jeden Preis, angewachsen an die Angst. Eine Art eingeübte Pantomime, die man so bitter nötig hatte, um die Tatsachen auszuhalten. Relativiert so ein Glück die tägliche Menschenverachtung jener Zeit? Wenn man, wie mir die Akteneinsicht heute zeigt, in jedem Zimmer eine Abhörwanze hatte, war auch jede private Nische staatlich registriert. Das Atemholen im Lachen bei sich zu Hause im Zimmer wurde jedesmal, ohne daß man es ahnte, in der Verfolgungsakte als staatsfeindliche Aktion abgeheftet. Die Hutträgerin hat das Reden über die Diktatur immer schon gestört. Seit zwanzig Jahren höre ich von ihr den Satz: Können wir mit dem Thema nicht aufhören. Und sie hat großen Rückhalt bei viel zu vielen rumänischen Intellektuellen. Neuerdings sagte sie zu mir: Was du über Rumänien sagst, würde ich mir nie erlauben über Deutschland zu sagen. Meine Antwort war: Dazu hättest du auch keinen Grund.

Man ist schon froh, wenn bekannte rumänische Schriftsteller die Diskussion über die Diktatur nur ignorieren, sie nicht blockieren oder gar hintertreiben, indem sie die Täter in Schutz nehmen. In Rumänien hat die Öffnung der Geheimdienstakten die Mehrzahl der Intellektuellen sowenig gekümmert wie all die zertrampelten Lebensläufe um sie herum, sowenig wie die Neuarrangements der Parteibonzen und Geheimdienstler. Wenn man, wie ich, bei jeder Gelegenheit all die Jahre öffentlich die Akteneinsicht forderte, ging man selbst den Freunden auf die Nerven. Auch aus diesem Grund lagen die Akten jahrelang, statt bei der auf Drängen der EU im Jahr 1999 nur widerwillig gegründeten Aktenbehörde (mit dem zungenbrechenden Namen CNSAS), beim neuen-alten Geheimdienst. Der dirigierte die Akteneinsicht, wie er wollte. Die Behörde mußte Bittgesuche an ihn richten, die manchmal erhört, meist aber verweigert wurden, sogar mit der Begründung: An der beantragten Akte wird noch gearbeitet.

Die rumänische Gauck-Behörde war von Anfang an ein Feigenblatt und ist bis heute undurchschaubar.

Im Jahr 2004 war ich in Bukarest und wurde dort vorstellig, um meinem wiederholten Gesuch nach Akteneinsicht Nachdruck zu verleihen. Ich wunderte mich, am Eingang standen drei junge Damen in Neonglanzstrümpfen, Minikleidern mit tiefem Dekolleté, als käme man in ein Erotic-Center. Und zwischen den Damen stand ein Soldat mit dem Maschinengewehr auf der Schulter, als käme man in eine höchst geheime Militärkaserne. Der Behördenchef ließ sich verleugnen, obwohl ich mit ihm verabredet war.

Meine Akte sei unauffindbar, hieß es. Doch in diesem Frühjahr stieß eine Forschergruppe nach und nach auf die Akten der rumäniendeutschen Autoren der »Aktionsgruppe Banat«. Die Securitate hatte für jede Minderheit eine spezialisierte Abteilung. Für die Deutschen hieß sie »Deutsche Nationalisten und Faschisten«, die ungarische Sektion hieß »Ungarische Irredentisten«, die jüdische »Jüdische Nationalisten«. Allein rumänische Schriftsteller hatten die Ehre, von der Abteilung »Kunst und Kultur« beobachtet zu werden.

Plötzlich fand sich auch meine Akte unter dem Namen CRISTINA. Drei Bände, 914 Seiten. Am 8. März 1983 soll sie angelegt worden sein – sie enthält jedoch auch Dokumente aus Jahren davor. Grund für die Eröffnung der Akte: »Tendenziöse Verzerrungen der Realitäten im Land, insbesondere im dörflichen Milieu« in meinem Buch »Niederungen«. »Textanalysen« von Spitzeln untermauern das. Und ich gehöre zu einem

»Zirkel deutschsprachiger Dichter, der bekannt ist für seine feindseligen Arbeiten«.

Die Akte ist ein Machwerk der alten Securitate im Namen des SRI. Zehn Jahre hatte dieser alle Zeit, um daran zu »arbeiten«. Frisieren kann man es nicht nennen, die Akte ist regelrecht entkernt. Die zentralen Dinge sind getilgt und alles, wodurch die hauptamtlichen Securisten sich selbst belasten würden.

Diese Säuberung ist kein Einzelfall. Andrei Pleşu, der bei der Gründung der CNSAS Mitglied im Kuratorium der Behörde war, hat dieses Gremium aus Verbitterung und Protest längst verlassen. Er hatte seine Akte einmal im Archiv gesehen, wußte, daß sie etwa 2000 Seiten dick war. Als man sie ihm dann endlich aushändigte, bestand sie nur noch aus 70 Seiten.

Per Gesetz wurde die CNSAS außer zur Akteneinsicht auch verpflichtet, die Klarnamen der Spitzel zu eruieren. Von allen, die bisher Einsicht in ihre Akte bekamen, hört man jedoch dasselbe: Aus der langen Liste der Spitzel hat die Behörde sich einen einzigen herausgesucht, seinen Klarnamen mitgeteilt. Und dieser einzige ist in der Akte entweder marginal, oder er ist schon tot. Den entscheidenden Spitzeln, dem permanenten, dicken Verrat scheint die Behörde nicht auf die Spur kommen zu wollen. Ein Boykott? Arbeitet die Behörde etwa gegen sich selbst? Aber in wessen Auftrag?

Nach dem Studium arbeitete ich drei Jahre in der Traktorenfabrik TEHNOMETAL, in der ich Übersetzerin war. Die drei Jahre kommen mit keinem Wort in meiner Akte vor. Für die Montage und Wartung der aus der DDR, Österreich, der Schweiz importierten

Maschinen übersetzte ich dazugehörende Beschreibungen. Zwei Jahre saß ich mit vier Buchhaltern im Büro. Sie berechneten die Gehälter der Arbeiter, ich wälzte meine dicken technischen Wörterbücher. Da ich Philologie studiert hatte, verstand ich nichts von hydraulischen oder nichthydraulischen Pressen, Hebeln oder Gewinden. Wenn im Wörterbuch drei, vier oder gar sieben Begriffe zur Wahl standen, ging ich in die Halle und fragte die Arbeiter. Sie sagten mir das richtige rumänische Wort ohne Deutschkenntnisse – sie kannten die Maschinen. Im dritten Jahr wurde ein »Protokollbüro« eingerichtet. Der Direktor versetzte mich dorthin zu zwei neu eingestellten Übersetzerinnen, eine für Französisch, eine für Englisch. Die Französisch-Dame war die Frau eines Universitätsprofessors, von dem es schon zu meiner Studienzeit hieß, er sei ein Geheimdienstmann. Die Englisch-Dame war die Schwiegertochter des zweithöchsten Geheimdienstlers der Stadt. Den Schlüssel zur Mitteltür des Aktenschranks hatten nur die beiden. Wenn ausländische Fachleute kamen, mußte ich das Büro verlassen. Dann sollte ich offenbar durch zwei Anwerbeversuche des Geheimdienstlers Stana für dieses Büro tauglich gemacht werden. Nach der zweiten Verweigerung schleuderte er die Blumenvase mit den Tulpen an die Wand. Durch die Wasserlache und Glasscherben ging er zur Tür. Der Abschiedsgruß: »Es wird dir noch leid tun, wir ersäufen dich im Fluß.« Ich bat den Fabrikdirektor, mich umziehen zu lassen, zurück in mein altes Büro. Ich solle bleiben, wo ich bin, sagte er, mir keine Sorgen, sondern weiter meine Übersetzungen machen, dafür sei ich da. Eines Morgens kam ich zur Arbeit, meine Wörterbücher lagen neben der Bürotür im Gang auf dem Boden. Mein Schreibtisch gehörte einem Ingenieur, ich durfte das Büro nicht mehr betreten. Nach Hause gehen konnte ich nicht, sonst hätte man mich wegen unerlaubter Abwesenheit fristlos entlassen können. Nun hatte ich keinen Tisch, keinen Stuhl. Zwei Tage saß ich trotzig die acht Stunden mit den Wörterbüchern auf einer Betontreppe zwischen dem Parterre und der ersten Etage, versuchte zu übersetzen, damit niemand sagen kann, ich arbeite nicht. Ständig gingen Büroleute an mir vorbei, stumm. Meine Freundin Jenny, eine Ingenieurin, wußte, wie es so weit gekommen war. Jeden Tag auf dem Heimweg hatte ich ihr alle Vorkommnisse erzählt. Sie kam in der Mittagspause zu mir, setzte sich auf die Treppe. Wir aßen zusammen wie früher in meinem Büro. Im Hoflautsprecher sangen wie immer die Arbeiterchöre vom Glück und Fortschritt des Volkes. Sie aß und weinte um mich. Ich nicht. Ich mußte ja durchhalten. Am dritten Tag installierte ich mich an Jennys Schreibtisch, sie machte mir eine Ecke frei. Auch am vierten. Es war ein großes Büro für technische Zeichner, Reißbretter und an die zwanzig Schreibtische. Am fünften Morgen wartete sie vor der Tür auf mich: »Ich darf dich nicht mehr ins Büro lassen. Stell dir vor, meine Kollegen sagen, du bist ein Spitzel.« »Wie ist das möglich«, fragte ich. »Du weißt doch, wo wir leben«, meinte sie. Ich nahm meine Wörterbücher und setzte mich wieder auf die Treppe. Diesmal weinte auch ich. Als ich in die Halle kam, um nach einem Wort zu fragen, pfiffen Arbeiter hinter mir her und riefen:

»Securistin.« Es war ein Hexenkessel. Wie viele Spitzel es wohl in Jennys Büro und in der Halle gegeben haben mag? Sie agierten.Die Attacken waren per Anweisung nach unten gereicht worden, die Verleumdungen sollten mich zwingen zu kündigen. Am Anfang dieser turbulenten Zeit starb mein Vater. Ich hatte mich nicht mehr im Griff, mußte mich meines Vorhandenseins auf der Welt vergewissern. Ich fing an, mein bisheriges Leben aufzuschreiben – woher ich komme, dieses dreihundertjährige starre Dorf, diese Bauern mit ihrem Schweigen, dieser Vater mit seinem LKW auf den holprigen Straßen, sein Suff und seine Nazi-Lieder mit den »Kameraden«. Diese Mutter, hart und verstört, wie vom Leben beleidigt, immer in den randlosen Maisfeldern. Und ich in dieser Fabrik, Maschinen, groß wie ein Zimmer, Öllachen überall, wie ein Spiegel, der einen senkrecht in die Erde rutschen läßt. Dieser Stücklohn am Fließband, die mechanischen Griffe der Hände, die fahlen Augen, Blicke wie altes Zinkblech. Daraus entstanden die Kurzgeschichten der »Niederungen«.

Über die Anwerbung stehen in meiner Akte zwei Wörter, handschriftlich als Randnotiz auf einem Abhörprotokoll. Ich erzähle Jahre später zu Hause von dem Anwerbungsversuch in der Fabrik. An den Rand notiert der Oberstleutnant Padurariu: »Das stimmt.«

Daß ich nun als Spitzel galt, weil ich mich geweigert hatte, ein Spitzel zu werden, war schlimmer als die Anwerbung und Todesdrohung. Daß ich eigens von denen verleumdet wurde, die ich schonte, indem ich mich weigerte, sie zu bespitzeln. Jenny und eine Handvoll

Kollegen wußten, welches Spiel mit mir getrieben wird. Alle anderen, die mich nur vom Sehen kannten, aber nicht. Wie hätte ich ihnen allen erklären sollen, was ablief, wie das Gegenteil beweisen. Das war menschenunmöglich, und die Securitate wußte das, und genau darum hat sie es eingefädelt. Und sie wußte auch, daß mich diese Perfidie mehr kaputtmacht als ihre Erpressung. Selbst an Todesdrohungen gewöhnt man sich. Sie gehören zu dieser einen Lebensweise, die man hat, weil man keine andere mehr haben kann. Man trotzt der Angst bis tief in die Seele. Aber durch die Verleumdung wird einem die Seele geraubt. Man ist nur noch monströs umzingelt. An dieser Ohnmacht erstickt man fast.

Wie lange diese Treppe mein Arbeitsplatz war, weiß ich nicht mehr. Es schien mir endlos. Wahrscheinlich waren es nur Wochen. Schließlich wurde ich entlassen.

Vom selben Geheimdienst, der meine Entlassung bewerkstelligt hatte, wurde ich jetzt bei den Verhören als »parasitäres Element« bezeichnet. Man wies mich darauf hin, daß es für Parasitentum Gefängnis gäbe oder Zwangsarbeit auf Baustellen. Man drohte mit dem »Kanal«, Ceauşescu ließ damals einen Kanal bauen, der das Schwarze Meer mit Bukarest verbindet. Ein abstruses Bauen, viele Soldaten und Häftlinge verloren dabei ihr Leben. Als der Kanal fertig war, stellte sich heraus, daß er für den Schiffsverkehr nicht taugte, er war nicht tief genug.

Ich hatte überhaupt kein Geld. Jenny vermittelte mir Privatstunden. Ich unterrichtete Kinder in Deutsch oder half bei den Schulaufgaben. Aber in jedes Haus ging ich höchstens zwei, drei Mal. Dann tauchte der Geheimdienst bei den Eltern auf und drohte ihnen. Manche sagten mir, weshalb ich nicht mehr kommen soll: »Sie schaden unserer Familie. Wissen Sie, wir machen keine Politik.« Andere servierten mir die Lüge, daß sie nach einer Gehaltskürzung für Privatstunden kein Geld mehr hätten.

Bald erfuhr ich bei den Verhören auch, daß ich angeblich von Schwarzhandel und Prostitution lebe und daß ich wohl wisse, daß es wie für Parasitentum auch dafür Gefängnis gibt. Man nannte Namen von Kunden und Freiern, von denen ich nie im Leben gehört hatte. Und dann kam auch noch Spionage für den BND ins Spiel, weil ich mit einer Bibliothekarin des Goethe-Instituts und einer Dolmetscherin der deutschen Botschaft in Bukarest befreundet war. Stundenlang erfundene Vorwürfe. Aber nicht nur das.

Man brauchte keine Vorladung, fischte mich einfach von der Straße ab. Ich war auf dem Weg zur Friseuse und wurde von einem Polizisten durch eine schmale Blechtür ins Souterrain eines Studentenwohnheims gebracht. Drei Männer in Zivil saßen an einem Tisch. Ein kleiner Knochiger war der Chef. Er verlangte meinen Ausweis, sagte: »Na, du Hure, sehen wir uns schon wieder.« Ich hatte ihn noch nie gesehen. Mit acht arabischen Studenten sollte ich Sex haben und mich mit Strumpfhosen und Kosmetika bezahlen lassen. Ich kannte keinen einzigen arabischen Studenten. Aber er meinte, als ich das sagte: »Wenn wir wollen, finden wir auch zwanzig Araber als Zeugen. Wirst sehen, es wird ein exzellenter Prozeß.« Ständig warf er meinen Ausweis zu Boden, ich mußte mich bücken und ihn aufheben. An die dreißig bis vierzig Mal, wenn ich langsamer wurde, trat er mir ins Kreuz. Und hinter der Tür am Tischende schrie eine Frauenstimme. Folter oder Vergewaltigung, hoffentlich nur ein Tonband, dachte ich. Dann mußte ich acht hartgekochte Eier und grüne Zwiebeln mit grobem Salz essen. Ich würgte das Zeug hinunter. Danach öffnete der Knochige die Blechtür, warf meinen Ausweis hinaus und trat mir in den Hintern. Ich fiel mit dem Gesicht ins Gras neben ein Gestrüpp. Ich kotzte, ohne den Kopf zu heben. Ohne mich zu beeilen, nahm ich den Ausweis und ging wieder nach Hause. Das Abfischen von der Straße weg machte mehr Angst als eine Vorladung. Niemand wußte, wo man ist. Man hätte verschwinden, nie wieder auftauchen oder, wie damals angedroht, als Wasserleiche aus dem Fluß gezogen werden können. Es hätte geheißen: Suizid.

Kein Verhör steht in den Akten, keine Vorladung und kein Abfischen.

Was in der Akte steht am 30.11.1986: »Jede Reise, die CRISTINA nach Bukarest und in andere Orte des Landes unternimmt, ist der Direktion I/A (d.h. Inlandsopposition) und III/A (d.h. Spionageabwehr) rechtzeitig mitzuteilen«, so daß die »permanente Kontrolle gewährleistet ist.« Daß ich also nirgends im Lande ohne Beschattung unterwegs sein darf, um »die nötigen Kontrollmaßnahmen in ihren Beziehungen mit westdeutschen Diplomaten und westdeutschen Bürgern durchzuführen«.

Die Beschattung war, je nach Absicht unterschiedlich. Mal hat man sie nicht gemerkt, mal fiel sie auf, wurde rabiat und schlug um in Aggression. Als die »Niederungen« im Westberliner Rotbuch-Verlag erscheinen sollten, hatten die Lektorin und ich, um nicht aufzufallen, uns in Poiana Braşov verabredet, in den Karpaten. Wir fuhren separat hin, als Wintersportler. Mein Mann Richard Wagner war mit dem Manuskript nach Bukarest gefahren. Ich sollte am nächsten Tag ohne Manuskript mit dem Nachtzug nachkommen. In der Bahnhofshalle von Temeswar empfingen mich zwei Männer, wollten meine Reisetasche kontrollieren. Ich weigerte mich. Sie wollten mich mitnehmen. Ich sagte stur: »Ohne Haftbefehl gehe ich nicht mit.« Vielleicht war es ihnen zu riskant, in der vollen Bahnhofshalle Aufsehen zu erregen, denn sie nahmen mich nicht mit.

Sie konfiszierten nur meine Fahrkarte und meinen Ausweis und befahlen mir, bevor sie verschwanden, mich nicht von der Stelle zu rühren, bis sie wiederkämen. Und ich rührte mich nicht von der Stelle. Aber dann fuhr der Zug ein, und sie kamen nicht wieder. Ich ging zum Bahnsteig. Es war die Zeit des großen Stromsparens, der Schlafwagen stand im Dunkeln am Ende des Bahnsteigs. Einsteigen durfte man erst ganz kurz vor der Abfahrt, die Tür war noch zu. Die zwei Männer waren wieder da, gingen auf und ab, ein paar Mal knapp an mir vorbei, dann aber rempelten sie mich dreimal an, stießen mich zu Boden. Jedesmal stand ich dreckig und verwirrt schnell wieder auf, daß ich wieder auf den Beinen stehe, als wäre nichts. Die Wartenden schauten zu, als wäre nichts. Als die Schlafwagentür endlich aufging, drängte ich mich mitten in die Schlange. Die beiden Männer stiegen auch ein. Ich ging ins Abteil, zog mich halb aus, streifte den Pyjama über, damit es auffällt, wenn man mich herauszerrt. Als der Zug anfuhr, ging ich zur Toilette und versteckte einen Brief für Amnesty International hinter einem Rohr. Die zwei Männer standen auf dem Gang und sprachen mit dem Schlafwagenschaffner. Ich hatte das untere Bett im Abteil. Vielleicht, weil ich dort besser greifbar bin, dachte ich. Als der Schaffner in mein Abteil kam, gab er mir die Fahrkarte und den Ausweis. Woher er das habe und was die zwei Männer von ihm wollten, fragte ich. »Welche Männer«, sagte er, »hier sind Dutzende.«

Ich machte die ganze Nacht kein Auge zu. Es war Leichtsinn, einzusteigen, dachte ich, die werfen mich während der Nachtfahrt irgendwo auf dem leeren Schneefeld unter den Zug. Als es draußen grau wurde, legte sich die Angst. Für einen inszenierten Suizid hätten sie bestimmt die Dunkelheit genutzt, dachte ich. Bevor die ersten Passagiere wach wurden, ging ich zur Toilette und holte den versteckten Brief. Dann zog ich mich an, setzte mich auf den Bettrand und wartete, bis der Zug in Bukarest einfuhr. Ich stieg aus, als wäre nichts gewesen. Auch davon steht nichts in der Akte.

Die Beschattungen hatten Folgen auch für andere. Ein Freund fiel dem Geheimdienst zum ersten Mal bei meiner Lesung aus den »Niederungen« im Bukarester Goethe-Institut auf. Danach wurden seine Personalien festgestellt, eine Akte über ihn angelegt und er fortan beobachtet. Das steht in seiner Akte, in meiner findet sich kein Wort.

Der Geheimdienst kam und ging, wie er wollte, wenn wir nicht zu Hause waren. Oft wurden absichtlich Zeichen hinterlassen, Zigarettenkippen, Bilder von der Wand aufs Bett gelegt, Stühle umgestellt. Das Unheimlichste zog sich über Wochen hin. An einem Fuchsfell, das auf dem Fußboden lag, wurden nach und nach der Schwanz, die Füße und zuletzt der Kopf abgeschnitten und an den Fuchsbauch drangelegt. Es war Psychoterror, man sah die Schnitte nicht. Beim Putzen bemerkte ich zum ersten Mal, daß der Schwanz abgeschnitten dalag. Da dachte ich noch an Zufall. Als dann Wochen später der hintere Fuß abgeschnitten war, begann ich mich zu gruseln. Bis auch der Kopf abgeschnitten war, war die Kontrolle des Fuchsfells das erste, was ich tat, wenn ich nach Hause kam. Alles konnte geschehen, die Wohnung hatte ihre Privatheit verloren. Wenn man aß, dachte man jedesmal, das Essen könnte vergiftet sein. Von diesen Wohnungsbesuchen steht kein Wort in den Akten.

Im Sommer 1986 besuchte uns die Schriftstellerin Anna Jonas in Temeswar. Sie und andere Autoren hatten am 4.11.1985 in einem Brief an den rumänischen Schriftstellerverband – der sich in meiner Akte wiederfindet – dagegen protestiert, daß ich nicht zur Buchmesse, zum Evangelischen Kirchentag und zu meinem Verlag reisen durfte. Der Besuch ist in meiner Akte genau dokumentiert, und es gibt ein »TELEX« vom 18.8.86 an die Grenzbehörde, ihr Gepäck bei der Ausreise »aufs gründlichste« zu durchsuchen und das Ergebnis zu melden. Dieser Besuch findet sich in meiner Akte, im Gegensatz zum Besuch des ZEIT-Journalisten Rolf Michaelis. Er wollte, nachdem »Niederungen« erschienen war, ein Gespräch mit mir führen. Seinen Besuch hatte er mit einem Telegramm angekündigt und darauf vertraut, daß er mich zu Hause antrifft. Aber das Telegramm wurde vom Geheimdienst abgefangen, Richard Wagner und ich waren ahnungslos für ein paar Tage zu seinen Eltern aufs Land gefahren. Zwei Tage hintereinander läutete Michaelies vergeblich an der Wohnungstür. Am zweiten Tag lauerten ihm drei Männer im Raum des Müllschluckers auf und schlugen ihn brutal zusammen. Seine Zehen waren an beiden Füßen gebrochen. Wir wohnten auf der fünften Etage, der Lift ging nicht, weil es keinen Strom gab. Rolf Michaelis mußte auf allen vieren durchs sackdunkle Treppenhaus bis auf die Straße hinunterkriechen. Das Telegramm von Michaelis fehlt in der Akte, obwohl es in ihr eine ganze Sammlung abgefangener Briefe aus dem Westen gibt. Der Akte nach hat es diesen Besuch nie gegeben. Auch diese Lücke zeigt wieder einmal, daß der Geheimdienst seine Taten systematisch aus der Akte getilgt und dafür gesorgt hat, daß sein hauptamtliches Personal durch die Akteneinsicht niemals zur Verantwortung gezogen werden kann. Es ist dafür gesorgt, daß die Securitate nach Ceaușescu zu einem abstrakten Monster ohne Täter wird.

So erkläre ich mir auch, daß sich in meiner Akte für andere bizarre Vorfälle keine Hinweise finden:

Bei meinem ersten Besuch in Deutschland wohnte

ich bei Ernest Wichner in Berlin. Er fuhr für ein paar Tage zu seinen Schwiegereltern. Am nächsten Tag läutete es an der Tür. Vor mir stand ein Monteur, er habe den Auftrag, das Telefon zu reparieren. Etwas war mir nicht geheuer, ich reagierte instinktiv richtig und schickte ihn weg. Aber sicher war ich mir nicht, ob das nun richtig war. Ich ging zum Telefon und rief Ernest an. Er hatte keinen Handwerker bestellt. Etwa zwei Stunden später ging ich aus dem Haus. Der »Monteur« saß immer noch im Auto vor dem Haus.

Bei diesem ersten Besuch erzählte man mir im Verlag von zwei Einbrüchen. Einer bei der Lektorin zu Hause und einer im Verlag. Bei der Lektorin fehlte nichts. Nur alle Manuskripte in ihrem Zimmer waren durcheinander, aber die Verlagsleute machte das nicht skeptisch. Obwohl auch im Verlag eingebrochen wurde, blieben sie naiv und meinten, der Einbrecher wollte eigentlich im Dentallabor darunter Zahngold stehlen, habe sich aber in der Etage geirrt. Vielleicht waren sie auch gar nicht so naiv, wollten mich, wissend, was mir in Rumänien nach meiner Rückkehr täglich passieren konnte, nur schonen. In meiner Akte liegt ein Gruppenfoto mit allen Verlagsmitarbeitern. Vielleicht ist das ein Souvenir von diesem Einbruch.

Ich lebte bereits in Berlin, als ich zum Verfassungsschutz bestellt wurde. Man zeigte mir das Foto eines mir unbekannten Rumänen, der als Securitate-Agent in Königswinter verhaftet worden war. In seinem Notizbuch stand auch mein Name mit der Adresse. Der Agent wurde verdächtigt, mit Mordaufträgen in Deutschland unterwegs zu sein.

Rolf Michaelis wollte uns »schützen« und schrieb über die Attacke gegen ihn erst nach unserer Ausreise. Aus den Akten weiß ich, es war ein Fehler. Nicht das Schweigen, sondern nur Öffentlichkeit im Westen konnte schützen. Aus meiner Akte geht nämlich auch hervor, daß ein surrealer Strafprozeß wegen »Spionage für den BND« gegen mich vorbereitet war. Der Resonanz meiner Bücher und den Literaturpreisen in Deutschland habe ich zu verdanken, daß der Plan nicht umgesetzt und ich nicht verhaftet wurde.

Rolf Michaelis konnte uns vor dem Besuch nicht anrufen, da wir kein Telefon hatten. In Rumänien mußte man jahrelang auf einen Telefonanschluß warten. Uns aber wurde ohne Antrag einer angeboten. Wir lehnten ihn ab, weil man wußte, daß ein Telefon die praktischste Abhörstation in unserer kleinen Wohnung wäre. Bei Freunden, die ein Telefon hatten, wurde es nämlich, immer wenn man zu Besuch kam, sofort in den Kühlschrank gestellt und eine Schallplatte aufgelegt. Die Verweigerung des Telefons hat nichts genützt, denn die Hälfte des Aktenmaterials, das mir ausgehändigt wurde, besteht aus Abhörprotokollen unserer Wohnung.

In der Akte von Richard Wagner findet sich die »Nota de analiza« vom 20. Februar 1985, aus der hervorgeht, wann niemand von uns beiden zu Hause war, und: »Gleichfalls wurde der Einbau spezieller Mittel in der Wohnung durchgeführt, durch den wir Daten von operativem Interesse erhalten.« Auch der Plan zum Einbau der Abhöranlage findet sich in seiner Akte. In der Wohnung unter uns wurde die Decke und bei uns der Fußboden durchgebohrt. Die Wanzen waren in beiden Zimmern hinter den Schränken.

Die Abhörprotokolle sind oft voller Auslassungszeichen, weil die Musik der Schallplatten das Abhören störte. Die Musik lief aber, weil wir dachten, der Geheimdienst arbeite mit Richtmikrophonen. Daß alles, was wir reden, daß sogar das Schlafzimmer abgehört wird, dachten wir nie. Sicher wurde man bei Verhören immer wieder mit Dingen konfrontiert, die der Vernehmer gar nicht wissen konnte. Doch angesichts der furchtbaren Armut und Rückständigkeit Rumäniens glaubten wir, moderne Abhörtechnik könne sich die Securitate gar nicht leisten. Genau genommen dachten wir auch, daß wir zwar ihre Staatsfeinde, aber diesen Aufwand nicht wert sind. In all der Angst blieben wir dennoch naiv, über den Grad der Überwachung haben wir uns gründlich getäuscht.

Als meine Akte 1983 eröffnet wurde, hat die Securitate den Beruf, Arbeitsplatz und die politische Zuverlässigkeit sämtlicher Bewohner unseres zehnstöckigen Wohnblocks überprüft und Personalbögen angelegt – wahrscheinlich, um in unserer Nachbarschaft Spitzel zu rekrutieren. Für diejenigen, die bis dahin noch nie ins Visier des Geheimdienstes geraten waren, gab es den Stempel »NECUNOSCUT« (UNBEKANNT).

Die Abhörprotokolle sind Tagesberichte. Die abgehörten Gespräche werden zusammengefaßt, die »staatsfeindlich« relevanten Stellen werden wörtlich wiedergegeben. Bei unbekannten Besuchern stehen Fragezeichen am Rand und die Anweisung, zu ermitteln, wer sie sind. Auch die Abhörprotokolle sind unvollständig.

Einer unserer engsten Freunde war Roland Kirsch. Er wohnte um die Ecke und besuchte uns fast täglich. Er war Ingenieur in einem Schlachthaus, fotografierte die Tristesse des Alltags und schrieb Prosaminiaturen. 1996 erschien in Deutschland sein Buch »Der Traum der Mondkatze«. Es erschien aus dem Nachlaß, denn im Mai 1989 wurde er erhängt in seiner Wohnung gefunden. Die Nachbarn sagen heute, in seiner Wohnung muß es zu einem Handgemenge gekommen sein, es seien mehrere laute Stimmen zu hören gewesen in der Nacht seines Todes. Auch ich glaube nicht an Suizid. In Rumänien dauerten die Laufereien für alle Formalitäten vor einer Beerdigung tagelang. Bei Suizid war eine Obduktion selbstverständlich. Aber Roland Kirschs Eltern wurden alle nötigen Papiere innerhalb eines Tages ausgehändigt. Er kam ungewöhnlich schnell und ohne Obduktion unter die Erde. Und es gibt im dicken Konvolut der Abhörprotokolle kein einziges Mal einen Besuch von Roland Kirsch. Der Name ist getilgt, diese Person soll es nie gegeben haben.

Das Knäuel aus Liebe und Verrat

Eine quälende Frage hat meine Akte immerhin beantwortet. Ein Jahr nach meiner Ausreise kam Jenny nach Berlin zu Besuch. Seit den Schikanen in der Fabrik war sie meine engste Freundin. Auch nachdem ich entlassen war, sahen wir uns beinah täglich – ich hatte Vertrauen zu ihr. Als ich dann aber in unserer Berliner Küche ihren Reisepaß anschaute und die zusätzlichen Visa für Frankreich und Griechenland sah, sagte ich ihr auf den Kopf zu: »So einen Paß gibt es nicht umsonst, was hast du dafür getan.« Ihre Antwort: »Der Geheimdienst hat mich geschickt, und ich wollte dich unbedingt noch einmal sehen.« Jenny hatte Krebs – sie ist lange schon tot. Sie erzählte, daß sie den Auftrag hat, unsere Wohnung und alltäglichen Gewohnheiten auszuforschen. Wann wir aufstehen und schlafen gehen, wo und was wir einkaufen. Sie berichte bei ihrer Rückkehr aber nur das, was wir verabreden, versprach sie. Sie wohnte bei uns, wollte einen Monat bleiben. Mit jedem Tag wuchs mein Mißtrauen. Schon nach einigen Tagen kramte ich in ihrem Koffer und fand die Telefonnummer vom rumänischen Konsulat und eine Kopie unseres Hausschlüssels. Seither lebte ich mit dem Verdacht, sie war wohl von Anfang an auf mich angesetzt, es war eine Freundschaft im Auftrag. Den Wohnungsplan und unsere Lebensgewohnheiten hat sie, wie ich aus der Akte sehe, als »SURSA (Quelle) SANDA« nach ihrer Rückkehr detailliert geliefert.

Aber in einem Abhörprotokoll vom 21.12.1984 steht

als Randnotiz neben dem Namen Jenny: »Wir müssen JENI identifizieren, offenbar gibt es ein großes Vertrauen zwischen ihnen.« Diese Freundschaft, die mir so viel bedeutet hat, wurde durch den Berlin-Besuch zerstört, eine schwer Krebskranke nach der Chemotherapie in den Verrat gelockt. Durch den Nachschlüssel wurde klar, daß Jenny hinterrücks ihren Auftrag erfüllt. Ich mußte sie auffordern, unsere Berliner Wohnung sofort zu verlassen. Ich mußte meine engste Freundin wegjagen, um mich und Richard Wagner vor ihrem Auftrag zu schützen. Diesem Knäuel aus Liebe und Verrat war nicht beizukommen. Dieses Knäuel quälte bestimmt auch Jenny. Tausendmal habe ich ihren Besuch im Kopf gewälzt, um diese Freundschaft getrauert, ungläubig erfahren, daß Jenny nach meiner Ausreise sogar mit einem Securitate-Offizier liiert war. Heute bin ich froh, weil die Akten zeigen, daß die Nähe zueinander aus uns selbst gewachsen war, nicht vom Geheimdienst eingefädelt, daß Jenny mich erst nach meiner Ausreise bespitzelte. Man wird bescheiden, sucht in dem Vergifteten einen Anteil, der nicht kontaminiert ist, sei dieser auch noch so klein. Daß meine Akte die wirklichen Gefühle zwischen uns beweist, macht mich jetzt fast glücklich.

Die Erweiterung des Brauchtums durch Verleumdung

Nach dem Erscheinen der »Niederungen« in Deutschland, als die ersten Einladungen kamen, durfte ich nicht reisen. Als jedoch Einladungen zur Verleihung von Literaturpreisen dazukamen, änderte die Securitate ihre Strategie.

Bis dahin arbeitslos, bekam ich im Spätsommer 1984 wider Erwarten eine Stelle als Lehrerin angeboten und schon am ersten Schultag die zur Reise nötige Empfehlung des Schuldirektors. Und im Oktober 1984 durfte ich wirklich reisen. Auch die beiden nächsten Male durfte ich einen Literaturpreis entgegennehmen. Doch die Absicht dieser Reisen war, wie es aus meiner Akte hervorgeht, hinterhältig: ich sollte, statt wie bisher als Dissidentin bei den Lehrerkollegen in der Schule, als Profiteurin des Regimes gelten und im Westen als Agentin verdächtigt werden.

An beidem, aber besonders an der »Agentin« hat der Geheimdienst massiv gearbeitet. Das Spitzelpersonal wurde mit Verleumdungsaufträgen Richtung Deutschland losgeschickt. Im Maßnahmenplan vom 1.7.85 wird zufrieden festgestellt: »Als Folge mehrerer Reisen ins Ausland wurde bei einigen Schauspielern des Deutschen Staatstheaters Temeswar die Idee lanciert, daß Cristina Agentin der rumänischen Securitate sei. Der westdeutsche Regisseur Alexander Montleart, zeitweise beim Deutschen Theater in Temeswar, hat gegenüber Martina Olczyk vom Goethe-Institut und gegenüber

Beamten der deutschen Botschaft Bukarest diesen Verdacht bereits geäußert.«

Nach meiner Ausreise 1987 wurden die Maßnahmen »zur Kompromittierung und Isolierung« verschärft. In einer »Nota de analiza« vom März 1989 steht: »In der Kompromittierungsaktion werden wir mit dem Dienst D (Desinformation) zusammenarbeiten, indem wir einige Artikel im Ausland publizieren oder einige Memoranden – so als ob sie von der deutschen Emigration kämen – an mehrere Kreise und Autoritäten schicken, die Einfluß in Deutschland haben.« Einer der dafür vorgesehenen Spitzel ist SORIN, »denn er habe literarische und journalistische Neigungen und Interessen, die nötig sind für die eingeleiteten Aktivitäten.« Am 3.7.1989 schickt die Abteilung I/A einen »Raport« an die Zentrale der Securitate in Bukarest. Der rumänische Schriftsteller Damian Ureche hat auf ihre Anweisung einen Brief verfaßt, der Richard Wagner und mich als Spitzel verunglimpft. Man bittet die Zentrale, den Brief zu genehmigen. Er sollte von der Tänzerin eines Folklore-Ensembles, die nach Deutschland fuhr, zu RADIO FREE EUROPE und zur ARD gelangen.

Der wichtigste »Partner« in Deutschland für Verleumdungsmaßnahmen war die Landsmannschaft der Banater Schwaben. Schon 1985 konstatiert die Securitate mit Genugtuung:

»Die Führung der Banater Landsmannschaft in Deutschland hat negative Kommentare zu diesem Buch (»Niederungen«) gemacht, einschließlich Vertretern der Rumänischen Botschaft aus Deutschland.« Das ist ein starkes Stück. Seit dem Erscheinen der »Niederungen«

führte die Landsmannschaft in ihrem Blatt »Banater Post« eine Rufmordkampagne gegen mich. »Fäkaliensprache, Urinprosa, Nestbeschmutzerin, Parteihure« waren die gängigen Urteile ihrer hauseigenen »Literaturkritik«. Ich sei ein Spitzel, behauptete man, habe die »Niederungen« gar im Auftrag der Securitate geschrieben. Während ich auf der Betontreppe der Fabrik saß, war die Landsmannschaft offenbar im vertrauten Beisammensein mit dem Botschaftspersonal der Ceauşescu-Diktatur. Ich hingegen hätte mich nie getraut, einen Fuß in diese Botschaft zu setzen, weil ich nicht wußte, ob ich dort wieder herauskomme. Angesichts dieser Beziehungen zu Ceauşescus Diplomaten wundert es nicht, daß die Landsmannschaft in all den Jahren über die Diktatur keine einzige kritische Silbe geäußert hat. Im Bunde mit dem Regime hat sie den Ausverkauf der Rumäniendeutschen betrieben, das Kopf-Geld von bis zu 12 000 DM, das die Bundesrepublik für jede auswandernde Person bezahlte, hat die Landsmannschaft nicht gestört. Genausowenig, daß dieser Menschenhandel eine beträchtliche Devisenquelle für die Diktatur war. In der gleichen Einvernehmlichkeit mit dem Regime teilte man den Haß auf mich und die Verleumdungsarbeit. Ich wurde zum Hauptfeind hochstilisiert, als permanentes Angriffsziel zum Bestandteil der Landsmannschafts-Identität. Wer mich verleumdete, bewies seine Heimatliebe. Die Landsmannschaft hat ihre Brauchtumspflege erweitert durch meine Verleumdung. Der Ausdruck »Spitzel« kam der Landsmannschaft anscheinend nur in den Sinn, wenn es galt, mich zu verunglimpfen. In meiner Akte steht: »Ihrer Schriften wegen, die die Banater Schwaben in ein schlechtes Licht rükken«, hätten mich Personen aus diesem Kreis außerhalb Rumäniens »isoliert und blamiert«. Und: »An dieser Aktion haben auch unsere Organe mitgewirkt durch die Möglichkeiten, über die wir im Ausland verfügen.«

Zu diesen »Möglichkeiten im Ausland« zählen wahrscheinlich die bestellten Störer bei Lesungen in Süddeutschland. Im Saal saß dann eine Truppe »Landsleute«, die die Veranstalter noch bei keiner anderen Lesung gesehen hatten. Sie trampelten mit den Füßen und riefen, ich solle die Schweinereien von Seite soundso lesen. Die Aufforderung, den Saal zu verlassen, ignorierten sie. Ihr Ziel haben sie erreicht, die Lesungen mußten abgebrochen werden.

In meiner Akte steht: »Kompromittierendes Material soll auch an Horst Fassel, an seine Institutsadresse geschickt werden, mit der Bitte, es zu verbreiten.«

Gemeint ist das Donauschwäbische Institut in Tübingen, dessen Leiter Fassel damals war. Und davor, in den 80er Jahren, war er Redakteur der »Banater Post«.

In ihren Berichten haben die Spitzel dem rumänischen Geheimdienst eine Bedeutung der Landsmannschaft in Deutschland vorgegaukelt, die sie nie hatte. Trotz der räumlichen Distanz gab es offenbar dasselbe Abhängigkeitsverhältnis, wie man es vom Stasi-IM zum Führungsoffizier kennt, denselben Druck, fleißig zu arbeiten, dieselbe Angst, fallengelassen und hier im Westen enttarnt zu werden.

Einer der Fleißigsten war SORIN, der schon 1983 die Temeswarer Autorengruppe auskundschaftete. Ein Bekannter, der die Akte seines mittlerweile verstorbenen

Vaters eingesehen hat, entnimmt dem kodifizierten Kennzeichen, das dem Spitzelnamen auf jedem Bericht beigefügt ist, daß SORIN 1982 bereits 38 Berichte geliefert hatte. Auch in meiner Akte mit den über 30 Spitzelnamen ist SORIN eine der Hauptpersonen. In einem Maßnahmeplan vom 30.11.1986 steht ausdrücklich, daß SORIN beauftragt wird, auszukundschaften, was ich demnächst vorhabe und welche Beziehungen ich in Rumänien und im Ausland pflege. Einmal besuchte uns in Temeswar der Feuilleton-Chef der Bukarester Zeitung »Neuer Weg« in Begleitung von Walther Konschitzky. Im Abhörprotokoll dieses Tages notiert Oberstleutnant Padurariu, der mich immer verhörte, am Rand als Identifikation dieses Besuchers: SORIN.

Wie so viele andere Spitzel ist auch Walther Konschitzky während der Diktatur regelmäßig zwischen Rumänien und Deutschland gependelt, noch vor dem Sturz Ceauşescus ausgewandert und war dann von 1992 bis 1998 Kulturreferent der Banater Landsmannschaft. Seither übt er – da diese Stelle in der Münchner Zentrale gestrichen wurde – seine Funktion ehrenamtlich aus.

Um die Spitzel in den eigenen Reihen hat sich die Landsmannschaft nie geschert. Seit ihrer Gründung 1950 hat sie sich eine Kopfheimat aus Blasmusik, Trachtenfesten, schmucken Bauernhäusern und geschnitzten Holztoren geschaffen. Die Diktaturen Hitlers und Ceauşescus wurden immer ausgeblendet. Führungspersonen der nationalsozialistischen Volksgruppe im Banat gehörten zu den Gründungsmitgliedern der Landsmannschaft.

Diese Kopfheimat suggeriert der deutschen Öffentlichkeit eine auf gleiche Weise ohnmächtige verfolgte deutsche Minderheit in Rumänien. Die Wahrheit sieht anders aus. Prozentual profitierten genausoviele Deutsche wie Rumänen vom System. Es gab auch deutsche Funktionäre, Bonzen und Direktoren. Erich Pfaff war vor meiner Zeit, zu meiner Zeit und nach meiner Zeit bis zu seiner Ausreise nach Deutschland der Direktor des deutschen Lenau-Lyzeums in Temeswar. Er wird bis heute als großer Garant der Minderheitenkultur gelobt. Sieben Jahre nach meinem Abitur bestellte er seinen damaligen Schüler Helmuth Frauendorfer zu sich ins Büro. Es war kurz vor dem Abitur – und der Direktor war nicht allein. Bei ihm saß ein Securitate-Offizier. Der neunzehnjährige Schüler wurde erpreßt: Er werde die Prüfung nicht bestehen, wenn er nicht tut, was man ihm sagt. Ein leeres Blatt Papier wurde ihm vorgelegt. Der Verängstigte schrieb, was der Geheimdienstler diktierte – es war eine IM-Erklärung. Er war als Schüler ins Büro des Direktors gekommen und verließ es als Spitzel. Der nächste Treff beim Geheimdienst wurde ihm gleich mitgeteilt. Sein Auftrag: Die Schriftsteller der »Aktionsgruppe Banat« auszuhorchen. Statt nach Hause ging er aber zu uns und erzählte, was geschehen war. Wir rieten ihm, zum nächsten Treff nicht zu erscheinen. Damit begannen auch für ihn die Verhöre. Jetzt gehörte er zu uns. Frauendorfer wird in all den Jahren nicht der einzige Schüler gewesen sein, dem der honorige Direktor diese Lektion verpaßte.

Bis heute weigert sich die Landsmannschaft, den Einfluß der Securitate in ihren Reihen zu untersuchen mit der Ausrede, das sei verjährt. Dasselbe Interesse hat auch die Securitate – die Zeit möge die Spuren löschen. Das ist nicht hinnehmbar angesichts ihres politischen Gewichts in Deutschland. Weniger als 10 % der ausgewanderten Banater Schwaben sind in ihr organisiert, dennoch hatte die Landsmannschaft all die Jahre ihre Vertreter in Rundfunkräten und Kulturinstitutionen. Nach meiner Ankunft in Deutschland erzählten mir Journalisten, daß ihre Sendung mit mir über die deutsche Minderheit und die Diktatur Schwierigkeiten zur Folge hatte, weil die Landsmannschaft intervenierte. Außerdem war sie all die Jahre eine der Schaltstellen für die Bewilligung der Ausreiseanträge aus Rumänien. Den Ausreiseantrag des Literaturkritikers Emmerich Reichrath, dessen Rezensionen über den Banater Tellerrand hinauswiesen, versuchte die Landsmannschaft zu verhindern. Auch ich erhielt vor der Ausreise Briefe von »Landsleuten« aus Deutschland, in denen stand: »Sie sind in Deutschland nicht willkommen.« Im Übergangsheim in Nürnberg war das Büro der Landsmannschaft Tür an Tür mit den Büros des BND. Man mußte mit seinem Laufzettel den ganzen Tag von einem Büro zum nächsten, von einem Stempel zum nächsten. Hie und da hing an einer Bürowand die Karte des Deutschen Reichs in den Grenzen von vor 1945. Und an der Tür draußen hing hie und da ein Zettel: »Ich nix verstehen Deutsch.«

Ein Stempel der Landsmannschaft war für die Abwicklung der Einreiseformalitäten unumgänglich. Mich empfing man mit dem eisigen Satz: »Die deutsche Luft bekommt Ihnen nicht gut.« Ich war schwer erkältet nach einer Nachtfahrt auf dem offenen Anhänger eines Traktors zur Grenze. Es war Februar. Hinter der nächsten Tür, beim BND, war der Empfang noch schroffer. Heute weiß ich, warum. Der Verleumdungsplan der Securitate ging auf: »Hatten Sie mit dem dortigen Geheimdienst zu tun?« Meine Antwort: »Er mit mir, das ist ein Unterschied«, beeindruckte den Beamten nicht. »Lassen Sie das meine Unterscheidung sein, dafür werde ich schließlich bezahlt«, sagte er. Und: »Wenn Sie einen Auftrag haben, können Sie es jetzt noch sagen.« Während alle anderen dieses Büro nach ein paar Minuten mit einem Unbedenklichkeitsstempel verlassen konnten, wurden Richard Wagner und ich mehrere Tage gemeinsam und einzeln verhört. Während meine Mutter ihre Einbürgerungsurkunde automatisch bekam, sagte man Richard Wagner und mir monatelang, es seien »eindringliche Recherchen nötig«. Ich war in einer grotesken Lage. Einerseits warnte mich der Verfassungsschutz vor Bedrohungen der Securitate, gab mir Anweisungen: Nicht im Parterre wohnen, auf Reisen keine Geschenke annehmen, Zigarettenpackung nicht auf dem Tisch liegenlassen, mit Unbekannten nie in eine Wohnung gehen, mir eine Schreckschußpistole kaufen usw. Anderseits blockierte der Agentenverdacht meine Einbürgerung.

Einige Wochen vor meiner Ausreise wurde meine Mutter am frühen Morgen zum Dorfpolizisten bestellt. Aus der Wut in seiner Stimme und weil mein Name in den Sätzen fiel, verstand sie, daß es Drohungen sind. Ihr Rumänisch reichte nicht, um die Inhalte zu verstehen. Dann verließ er das Büro und schloß die Tür von außen ab. Den ganzen Tag bis spätabends saß sie eingesperrt da. Um sich die Zeit zu vertreiben, nahm sie nach einigen Stunden den Eimer mit Wasser, der in der Ecke stand und ein Handtuch als Lappen. Erst putzte sie den Staub, dann wischte sie das Büro. Ich war entsetzt, als sie mir das erzählte. »Wie kannst du dem das Büro putzen«, fragte ich. Und sie sagte, ohne nachdenken zu müssen: »Ich hab mir Arbeit gesucht, daß die Zeit vergeht. Und das Büro war so dreckig.« »Was hat er gesagt, als er dich wieder rausgelassen hat«, fragte ich. Sie sagte: »Gar nichts, der hat gar nicht bemerkt, daß sein Büro jetzt sauber ist.«

Es war bestimmt nicht der Einfall des Dorfpolizisten, meine Mutter einen Tag lang ins Büro zu sperren, sondern ein Geheimdienstbefehl aus der Stadt. Der Zweck: Meine Mutter sollte spüren, was ihr blüht, wenn sie nicht mit mir ausreist. Daß sie durch Sippenhaft für meine »Umtriebe« büßen wird. Sie war 62 Jahre alt, hatte Angst vor der Ausreise, wollte vorläufig noch bleiben, später vielleicht nachkommen. Der Geheimdienst aber wollte, daß alles aus dem Land verschwindet, was mit mir zu tun hat. Er beschloß sie in meine Ausreise mitzupacken. Und was der wollte, das wollte sie jetzt auch: Schnell ausreisen. Sie verschleuderte in zwei Wochen alles, was in Haus und Hof war, übergab das Haus dem Staat »besenrein« und für einen symbolischen Preis, mit dem, wie sie sagte, »nicht mal die Hälfte des Zauns bezahlt ist«. Sie stürzte sich Hals über Kopf ins Auswandern aus Angst vor Sippenhaft.

Der Sippenhaft bediente sich auch die Banater Landsmannschaft. 1989 war meine Mutter dann seit zwei Jahren in Berlin – und mit ihr das ständige übergroße Heimweh. Da erfuhr sie von einer ehemaligen Nachbarin aus Nürnberg, daß sich in Augsburg die ausgewanderten Nitzkydorfer beim »Heimattag« treffen. Sie fuhr hin. Ehrengast war Klaus Lanz, damals Sprecher der Landsmannschaft. Er trat auf die Bühne, aber statt von Heimat oder Wiedersehen zu sprechen, fiel er über meine Mutter her, über die Schande, so eine Tochter zu haben. Meine Mutter verließ weinend den Saal, noch bevor es ihr möglich war, mit ehemaligen Freunden und Nachbarn auch nur ein Wort zu sprechen.

Ich frage mich, warum der BND mich verdächtigte, sonst aber wohl keinem der vielen Spitzel in der Landsmannschaft und der Emigration auf die Spur gekommen ist. Wahrscheinlich hat man sich auch im BND auf die Einflüsterungen der Landsmannschaft verlassen. Deshalb ist Deutschland heute ein gemütliches Reservat für Securitate-Spitzel. Wenn man die Akten der Banater Autorengruppe miteinander vergleicht, lassen sich zahlreiche Spitzel identifizieren, wie SORIN, VOICU, GRUIA, MARIN, WALTER, MATEI und viele mehr. Sie sind Lehrer, Professoren, Beamte, Journalisten, Schauspieler, Schriftsteller und mittlerweile stille Rentner.

Nie hat sie jemand behelligt. Die seit dem Fall der Mauer anhaltende Stasi-Debatte kann ihnen den Buckel runterrutschen. Sie sind zwar alle deutsche Staatsbürger, aber für die deutschen Behörden undurchschaubar. Ihre Spitzeltätigkeit ist hierzulande exterritorial. Und anders als den Stasi-Spitzeln nach der Wiedervereinigung sind den Securitate-Spitzeln ihre Führungsoffiziere nicht abhanden gekommen. Sie sitzen nämlich heute im neuen rumänischen Geheimdienst.

Der Schauspieler Alexander Ternovits, der mit Klamauk und Vorstadtwitzchen das Publikum belustigte und daher »Josefstädter Franzl« und »Buju« genannt wurde, hatte, wie die Akten heute zeigen, auch eine ernstere Beschäftigung: als MATEI leistete er jahrelange Spitzeldienste für die Securitate. Nach dem Sturz Ceauşescus wurde er zum Ehrenbürger der Stadt Temeswar gekürt. Überhaupt ist die rumänische Ehre eine seltsame Sache, mit düsterem Glanz poliert. Denn auch der Spitzel SORIN und Horst Fassel wurden 2004 in der neuen rumänischen Demokratie vom damaligen Präsidenten Ion Iliescu durch den »Ordinul Meritul Cultural« mit dem Rang »Offizier« dekoriert. Man geniert sich nicht im freien Rumänien, die Ordensverleihung der Franzosen »Ritter der Ehrenlegion« abzukupfern, um Securitate-Spitzel zu belohnen.

Und in Deutschland: Der Deutsche Bundestag finanzierte die Arbeit der Landsmannschaft während der Diktatur, und er finanziert sie nach der Diktatur. Mir ist nicht bekannt, daß er jemals eine Untersuchung der Verstrickung ihres Personals mit der rumänischen Diktatur gefordert hätte.

IM-Bericht des Informanten VOICU vom 16.3.1982 über den Debütband »Niederungen« (Bukarest 1982), vor allem zu drei Texten: »Meine Familie«, »Das schwäbische Bad« und »Dorfchronik«. Diese Denunziation wird zum Anlaß für die Eröffnung der Akte genommen werden.

- H-x/1/A/P.N/0057/12.I.1982
- Format bad. PADURARU NICOLAE
- Sursa "VOICU"

5

N O T A

Referitor la volumul de proza a lui HERTA MÜLLER, "Niederungen"(Depresiuni), Ed. Kriterion, Bucuresti,1982, recent aparut prin librarii la Timisoara, sursa va informeaza:

Primul text, "Niederungen"(Depresiuni - traducerea nu este prea corect, prin Niederungen se intelege in germana "teren mai in vale", "adincitura") descrie din perspectiva unei fetite viata satului svabesc din Banat: monoton, cu toate cliseele cunoscute din literatura. Nu apare nici un element pozitiv, optimist.

La pag.88 este tiparit textul "Das schwäbische Bad" (Baia svăbeasca), text care, cind a fost publicat in ziarul "Neue Banater Zeitung", a fost viu discutat de cititori, ziarul a primit o serie de scrisori din partea cititorilor, care au protestat vehement impotriva acestui text. Sursa a facut mentiunea cuvenita intr-o notă anterioară.

Textul "Meine Familie",(Familia mea) - tot deja mentionat cu alta ocazie de sursa - apare la pag.89: familia svabeasca apare depravată, fără o conduită morală, fiecare bărbat are copii cu alte femei extraconjugale, etc.

Un text care ~~mxix~~ mi-a atras indeosebi atentia este "Dorfchronik"(Cronica satului),pag.91: este descris decaderea totala a unui sat german din Banat. Astfel in acest sat exista numai 11 elevi cu patru invatători. La piata inainte se vindeau multe animale, acuma este sărăcie, primarul este descris astfel: "Primarul, care in sat este denumit judecător, isi tine sedintele la Casa sfatului. Printre cei prezenti sint fumători, care fumeaza absenti, nefumători, care nu fumeaza și dorm, alcoholici , care in sat sint denumiti betivi si care au sticlele sub scaune, ca si nealcoholici si nefumători, care sint slabi de minte, cărora li se spune prin sat ca sint corecti, si care fac, de parca ar gindi, dar care se gindesc la cu totul altceva, dacă reusesc cumva să gîndeasca."(pag.93). Ce mai sedință!

Astfel este atacat Casa culturala, in care in loc de cultură se fac nunti, CAP si GAS, in care exista o debandadă totală, primarul, presedintele CAP si directorul GAS sint cuscrii. Unul dintre ingineri, care in loc sa se ocupe de treaba lui pe cimp, se ocupa de fotografii, si cind primeste un premiu, ca sa mearga in Italia, ramine disparut.

Critică, si iar critică, o critică atît de destructiva, incit te intrebi, ce rost au aceste texte?!

Ti isoara,16.03!1982

Voicu

Cauza protestului mai multor cititori s-a datorat faptului că HERTA MULLER a redat în literatură că la svabi ar exista obiceiul ca toată familia să facă baie într-o apă folosită [illegible]

Există și o notă anterioară a sursei.

Observatie:
- HERTA MULLER face parte din cercul de tineri scriitori de limba germană cunoscuți cu poziții ostile statului nostru și ca atare [illegible]

1989 nach dem Sturz Ceauşescus dachte ich, die Verleumdungskampagnen gegen mich seien nun endlich obsolet. Aber sie gingen weiter. 1991 erhielt ich sogar in Rom als Stipendiatin der Villa Massimo anonyme Drohanrufe. Und die Briefkampagne der Securitate hat offenbar ein Eigenleben angenommen. Als mir 2004 der Literaturpreis der Konrad-Adenauer-Stiftung zugesprochen wurde, erhielt nicht nur die Stiftung stapelweise Briefe mit den üblichen Verleumdungen. Die Aktion steigerte sich diesmal ins Maßlose, auch das Präsidium des Deutschen Bundestages, der damalige Ministerpräsident Erwin Teufel, die Vorsitzende der Jury, Birgit Lermen, und Joachim Gauck als Laudator erhielten Briefe, die mich als Agentin, Mitglied der Kommunistischen Partei Rumäniens und Nestbeschmutzerin verunglimpften. Viertel vor zwölf klingelte bei Birgit Lermen das Telefon, Punkt Mitternacht bei Bernhard Vogel – dem Vorsitzenden der Stiftung – und Viertel nach zwölf bei Joachim Gauck. Schmähungen und Drohungen unterlegt mit dem Horst-Wessel-Lied. Diese Anrufe kamen nächtelang, bis die Polizei den Anrufer durch eine Fangschaltung ermittelte.

Maßnahmenplan der Securitate vom 1.7.1985 gegen Herta Müller. Es geht um Kontakte zu bundesdeutschen Diplomaten und Angestellten des Bukarester Goethe-Instituts. Damit will man eine Spionagetätigkeit belegen.

153

INSPECTORATUL JUDEȚEAN TIMIȘ AL
MINISTERULUI DE INTERNE
- SECURITATE/SERV.III

Nr. 0064286 din 01.07.985

- STRICT SECRET -
exemplar nr. 3
150

SE APROBA.
Cobzaru Ștefan

PLAN DE MASURI

în D.U.I. MÜLLER HERTA
conspirativ "CRISTINA"

Din datele obținute în cadrul urmăririi informative în dosarul "CRISTINA", născută la 17.08.1953 în Nițchidorf, județul Timiș, de naționalitate germană, cetățenie română, profesoară la Școala generală nr. 25 Timișoara, domiciliată în Timișoara, str. Stefan Plavăț nr.143, ap. 23, rezultă următoarele:

A publicat mai multe lucrări în limba germană în țară, una dintre acestea republicată în R.F.Germania, pentru care a fost premiată. In unele lucrări publicate folosește expresii și cuvinte necorespunzătoare, cu conținut denigrator modului de viață și al orînduirii socialiste din țara noastră. Este în anturajul unor scriitori de naționalitate germană din Timișoara, care au concepții asemănătoare ei, aceștia fiind SAMSON HORST, WAGNER RICHARD, LIPPET IOAN și TOTOK WILIAM.

In toamna anului 1984, fiind plecată în R.F.Germania a acordat interviuri unor ziare vest-germane, prilej cu care a făcut unele afirmații necorespunzătoare care au fost preluate și de postul de radio "Europa liberă" și "Deutsche Welle".

Inurma mai multor plecări în străinătate, în rîndul unor actori de la Teatrul german Timișoara, s-a lansat ideea că, "CRISTINA" ar fi agentă a securității române. Regizorul vest-german ALEXANDER HOFFELBART, venit temporar la Teatrul german din Timișoara a comunicat această suspiciune numitei OLCZYK MARTINA de la Casa de cultură a Ambasadei R.F.Germaniei din București.

//

158
166

"CRISTINA" este contactată periodic de Lt.col. PADURARU NICOLAE, din cadrul Serv. I/A pentru influenţare pozitivă.

"CRISTINA" se află în relaţii apropiate şi a primit cadouri de la SERNO MATHIAS şi OLCZYK MARTINA de la Casa de cultură a Ambasadei R.F.Germaniei din Bucureşti şi uneori vizitează acest sediu. "CRISTINA" a relatat numitei OLCZYK MARTINA despre discuţiile purtate pe seama ei de către unii actori, scriitori şi ziarişti de naţionalitate germană din Timişoara, că ar fi agentă a securităţii române, a precizat însă că periodic este contactată de un ofiţer de securitate cînd pleacă şi vine din străinătate şi cu care discută şi despre conţinutul cărţilor publicate de ea. Despre aceste aspecte a mai făcut relatări şi altor persoane, scriitori de naţionalitate germană din Timişoara şi Bucureşti.

Direcţia a III-a, prin ordinul nr. D/3/oo168445/ 17.o6.1985 ne comincă că numita "CRISTINA" se află în legătură cu un diplomat de la Ambasada R.F.Germaniei din Bucureşti care i-a pus la dispoziţie curierul diplomatic pentru a transmite în R.F.Germania datele ce i se solicită de către ofiţerul de securitate cu care se află în contact.

Dată fiind această situaţie operativă, în scopul cunoaşterii şi prevenirii unor acţiuni ostile pe viitor şi a curmării activităţii lui "CRISTINA" se impune necesitatea îndeplinirii următoarelor sarcini.

1. Cunoaşterea activităţii lui "CRISTINA" pentru a obţine informaţii din domeniile economic, social şi politic spre a le trimite în R.F.Germania prin intermediul Ambasadei R.F.Germaniei din Bucureşti.

2. Identificarea şi lucrarea informativă a legăturilor sale, diplomaţi, ziarişti, turişti străini sau cetăţeni români, în vederea controlării activităţilor comune a faptelor ilicite comise şi reacţia unor măsuri întreprinse de organele noastre.

3. Prevenirea scurgerii unor informaţii de interes operativ în străinătate prin :

- influenţarea ei pozitivă;
- plasarea unor date de dezinformare;
- pregătirea contrainformativă a unor persoane deţinători de secrete sau cercetători de valoare cu care ar intra în relaţii.

//

Die Attrappe und ihre eigenen Wege

In meiner Akte bin ich zwei verschiedene Personen. Die eine heißt CRISTINA, ist Staatsfeind und wird bekämpft. Um diese CRISTINA zu kompromittieren, wird in der Fälscherwerkstatt der Abteilung »D« (Desinformation) eine Attrappe fabriziert, mit allen Zutaten, die mir am meisten schaden – systemtreue Kommunistin, skrupellose Agentin, Parteimitglied, das ich im Unterschied zu vielen Funktionären der Landsmannschaft nie war.

Überall, wo ich hinkam, hatte ich mit dieser Attrappe zu leben. Sie wurde mir nicht nur hinterhergeschickt, sie eilte mir auch voraus. Obwohl ich von Anfang an und immer nur gegen die Diktatur geschrieben habe, geht die Attrappe bis heute ihre eigenen Wege. Sie hat sich verselbständigt. Obwohl die Diktatur seit zwanzig Jahren passé ist, irrlichtert diese Attrappe umher. Wie lange noch?

Bibliografische Information der Deutschen Nationalbibliothek
Die Deutsche Nationalbibliothek verzeichnet diese Publikation in der Deutschen Nationalbibliografie; detaillierte bibliografische Daten sind im Internet über http://dnb.d-nb.de abrufbar.

Erste Auflage 2009

www.wallstein-verlag.de
Vom Verlag gesetzt aus der Stempel Garamond
Umschlagvignette: Rotraut Susanne Berner
Druck: Hubert & Co, Göttingen
ISBN 978-3-8353-0628-8